BEI GRIN MACHT SICH IHR WISSEN BEZAHLT

- Wir veröffentlichen Ihre Hausarbeit, Bachelor- und Masterarbeit

- Ihr eigenes eBook und Buch - weltweit in allen wichtigen Shops

- Verdienen Sie an jedem Verkauf

Jetzt bei www.GRIN.com hochladen und kostenlos publizieren

Bibliografische Information der Deutschen Nationalbibliothek:

Die Deutsche Bibliothek verzeichnet diese Publikation in der Deutschen National-
bibliografie; detaillierte bibliografische Daten sind im Internet über http://dnb.d-
nb.de/ abrufbar.

Impressum:

Copyright © 2016 GRIN Verlag
Druck und Bindung: Books on Demand GmbH, Norderstedt Germany
ISBN: 9783668714397

Dieses Buch bei GRIN:

https://www.grin.com/document/427340

Marion Steiner

Trainingsplanung Ausdauertraining. Anamnese, Leistungsdiagnostik, Zielsetzung/Prognose, Ausdauertrainingsplan

GRIN Verlag

GRIN - Your knowledge has value

Der GRIN Verlag publiziert seit 1998 wissenschaftliche Arbeiten von Studenten, Hochschullehrern und anderen Akademikern als eBook und gedrucktes Buch. Die Verlagswebsite www.grin.com ist die ideale Plattform zur Veröffentlichung von Hausarbeiten, Abschlussarbeiten, wissenschaftlichen Aufsätzen, Dissertationen und Fachbüchern.

Besuchen Sie uns im Internet:

http://www.grin.com/

http://www.facebook.com/grincom

http://www.twitter.com/grin_com

Deutsche Hochschule für
Prävention und Gesundheitsmanagement
Hermann Neuberger Sportschule 3
66123 Saarbrücken

Einsendeaufgabe

Fachmodul: Trainingslehre II

Studiengang: Bachelor Gesundheitsmanagement

**Datum
Präsenzphase:** 21. – 23.11.2016

Name, Vorname: Steiner, Marion

Studienort: **München**

Semester: **Wintersemester 2015**

Inhaltsverzeichnis

1   DIAGNOSE 3

1.1   Allgemeine und biometrische Daten...3

1.2   Leistungsdiagnostik/Ausdauertestung 5

1.3   Gesundheits- und Leistungsstatus der Person..8

2   ZIELSETZUNG/PROGNOSE 9

3   TRAININGSPLANUNG MESOZYKLUS 10

3.1   Grobplanung Mesozyklus 10

3.2   Detailplanung Mesozyklus 11

3.3   Begründung zum Mesozyklus 12

4   LITERATURRECHERCHE.. 16

5   LITERATURVERZEICHNIS 18

6   TABELLENVERZEICHNIS 20

1 Diagnose

1.1 Allgemeine und biometrische Daten

Ausgehend von der Definition des Begriffs ‚Training' als „planmäßiger Prozess, der eine Zustandsänderung (Optimierung oder Stabilisierung oder Reduzierung) der komplexen (konditionellen, bewegungstechnischen, taktischen, psychischen) sportlichen Leistungsfähigkeit beabsichtigt bzw. mit sich bringt" (Eisenhut & Zintl, 2013, S.11), ist es notwendig, neben den Trainingsmotiven, der sportlichen Vorgeschichte und dem zeitlichen Verfügungsrahmen von Frau X vor allem ihren aktuellen gesundheitlichen und sportlichen (Leistungs-)Zustand zu erfassen. Schließlich bildet ihre aktuelle physisch-psychische Verfassung die Basis für die Trainingssteuerung, die als „Abstimmung aller kurz- und längerfristigen Maßnahmen der Trainingsplanung, der Trainingsdurchführung, der Wettkampf- und Trainingskontrollen und der Trainings- und Wettkampfauswertung im Hinblick auf das Erreichen der sportlichen Form (= optimale Leistungsfähigkeit + Leistungsbereitschaft)" (Eisenhut & Zintl, 2013, S.11) bzw. der von Frau X angestrebten Trainingsziele definiert wird. Die Daten- bzw. Zustandserfassung erfolgt im Rahmen einer ausführlichen Anamnese, bei der alle wichtigen allgemeinen sowie biometrischen Daten und Parameter inklusive der medizinisch potentiell relevanten Informationen erfragt, gemessen und dokumentiert werden. Eine anschließende Leistungsdiagnostik (siehe 1.2) dient der Ermittlung von Frau X' aktueller Ausdauerleistungsfähigkeit; sie bildet die Basis für die individuell angepasste Belastungsdosierung und Trainingssteuerung. Die im Anamnesegespräch erhobenen Daten sind in Tabelle 1 zusammenfassend dargestellt.

Tab. 1: Allgemeine und biometrische Daten

Alter / Geschlecht	36 / weiblich
Körpergröße / -gewicht	161 cm / 55 kg
Körperfettanteil / BMI	27 % / 21,2
Taillenumfang	78 cm
Blutdruck / Ruhepuls	132/86 mmHg / 64 S/min
berufl. Tätigkeit	Arzthelferin, Fernstudentin (Gesundheitsmanagement)
Trainingsmotive	Grundlagenausdauer für 7,5km-Volkslauf (ohne Zeitziel), Blutdruck senken, Gewicht halten bzw. Körperfett reduzieren
aktuelle sportl. Aktivitäten	seit 2 Monaten 2x pro Woche Joggen; zw. 30-50 Min. am Stück
frühere sportl. Aktivitäten	in der Jugend: Vereins-Handball (2x pro Woche)
verfügbare Zeit	an 3 Tagen pro Woche jew. 60 bis max. 80 Min.

gesundheitl. Einschränkungen	keine (Nichtraucherin, kein Alkohol, keine Medikamente, nicht schwanger, nicht in ärztlicher Behandlung)
internistische Probleme	genetisch bedingt leicht hochnormaler Blutdruck, sonst keine Probleme (Ausschluss von: Diabetes Typ I/II, Schilddrüsenerkrankung, Herz-Kreislauf-Probleme, Asthma)
orthopädische Probleme	keine
Trainingsalter AusdTr.	Anfängerin
Einschränkungen AusdTr.	keine

Die Analyse der allgemeinen und biometrischen Daten von Frau X ergibt folgendes Bild: Frau X' Körpermasseindex (BMI), ihr Taillenumfang und ihr mittels Kaliperme-trie ermittelter Körperfettanteil liegen für ihre Altersklasse im Normbereich, der von der Deutschen Adipositas Gesellschaft wie folgt definiert wird (DAG, 2014, S.15):

	BMI (kg/m^2)		Taillenumfang Frauen (in cm)
Normalgewicht:	18,5 – 24,9	abdominale Adipositas	$\geq$ 88cm
Übergewicht:	25 – 29,9		

Wie aus den „Leitlinien für das Management der arteriellen Hypertonie" (Deutsche Gesellschaft für Kardiologie, 2013, S.7) ersichtlich, liegt Frau X' Blutdruck mit 132/86mmHg knapp im hochnormalen Bereich:

Kategorie	systolisch		diastolisch
optimal	< 120	und	< 80
normal	120-129	und/oder	80-84
hochnormal	130-139	und/oder	85-89
Hypertonie Grad 1	140-159	und/oder	90-99

Der Ruhepuls von Frau X befindet sich mit 64 Schlägen pro Minute im durchschnittlichen Leistungsbereich von nicht ausdauertrainierten Erwachsenen, deren Normwerte bei 60-80 Schlägen pro Minute liegen (Flicke, 2014, S.12f).

1.2 Leistungsdiagnostik/Ausdauertestung

Wie bereits unter 1.1 erwähnt, soll durch Training eine Zustandsänderung bzw. ein definiertes Trainingsziel erreicht werden. Voraussetzung dafür ist eine systematische Trainingssteuerung, die sich neben den Trainingszielen und der verfügbaren Trainingszeit vor allem an der individuellen Ausdauerleistungsfähigkeit des Sportlers orientiert und diese als Basis für die konkrete Planung von Trainingsarten, -methoden, -umfängen sowie Trainings- und Belastungsintensitäten heranzieht. Unter Berücksichtigung der eingangs ermittelten Daten, erfolgt die Bestimmung von Frau X' aktueller Ausdauerlei-stungsfähigkeit (also ihrer „… aerob erreichte(n) Leistung in Watt pro Kilogramm Körpergewicht …" (Trunz-Carlisi, 2004, S.1)) im Rahmen des IPN-Tests[®] (Stufen-Aus-dauertest) auf dem für therapeutische Zwecke geeigneten Fahrradergometer. Dieser lässt die ergometrische Einstellung von Sattel, Lenker und Tretkurbellänge zu, funktioniert drehzahlunabhängig und erlaubt dank geeigneter Schwungmasse ein ‚rundes' Treten (Rost, 2001, S.52). Der Ergometer ist programmierbar und gestattet eine Belastungsdosierung in 5-Watt-Schritten sowie eine kontinuierliche Erfassung der gefahrenen Zeit, der Trittfrequenz (höchster Wirkungsgrad bei Untrainierten: 60-80 Umdrehungen pro Minute; Rost, 2001, S.53) sowie der Herzfrequenz via Pulsmesser mit Brustableitung (Trunz-Carlisi, 2004, S.2). Die Vorzüge des IPN-Tests[®] sind: a) Verzicht auf die maximale körperliche Ausbelastung, die für Frau X mit hochnormalem Blutdruck unter Umständen zu belastend wäre; b) die „… zuverlässige Identifizierung der individuellen aeroben Kapazität …" (Trunz-Carlisi, 2004, S.1) bei submaximaler Belastung; c) „… die Zuweisung des passenden Belastungsschemas …" (Trunz-Carlisi, 2004, S.1), also des WHO- oder H&V-/Hollmann-Venrath-Schemas; d) „… die Orientierung an einer Norm-Soll-Leistung …" (Trunz-Carlisi, 2004, S.1) sowie e) „… die konsequente Verwertung der Ergebnisse für individuelle sportart- und trainingsspezifische Trainingsempfehlungen" (Trunz-Carlisi, 2004, S.1). Der IPN-Test[®] wird „… anhand individueller Angaben (Alter, Geschlecht, Gewicht, Trainingshäufigkeit, Ruheherzfrequenz) und auf der Grundlage des individuellen Testziels/Abbruchkriteriums (aerobe Kapazität) durchgeführt" (Trunz-Carlisi, 2004, S.1). Die Voreinstufung von Frau X nach Ruhe-herzfrequenz (64 S/Min.), Lebensalter (36) und Trainingshäufigkeit (moderat; 2mal pro Woche, 1-2 Stunden) ergibt laut IPN-Test[®]-Tabelle (Trunz-Carlisi, 2004, S.4) eine Trainingsherzfrequenz von 140 S/Min. (135 S/Min. plus 5 S/Min. Aufschlag, da sie moderaten Ausdauersport betreibt) bzw. das Abbruchkriterium für den Ausdauertest. Die Zuweisung des für Frau X passenden Belastungsschemas (WHO- oder H&V-Sche-ma) erfolgt rechnerisch auf Basis einer Norm-

Soll-Tabelle (Trunz-Carlisi, 2004, S.4f). Die ausgewählte Ziel-Herzfrequenz sollte frühestens nach 10 Minuten bzw. im H&V-Schema bei 150 Watt erreicht werden. Für Frau X würde das eine Belastung von 2,72 Watt/kg Körpergewicht (KG) bedeuten, die laut Norm-Soll-Tabelle sehr viel Ausdauertraining voraussetzt. Da Frau X nur moderat trainiert, können für sie lediglich 1,46 Watt/kg KG veranschlagt werden. Mit 55kg KG unterschreitet Frau X das in der Norm-Soll-Tabelle für die genannte Watt-Leistung veranschlagte Grenzgewicht von 102,7kg KG deutlich. Dementsprechend kommt für ihren Ausdauertest nicht das H&V- sondern das WHO-Belastungsschema zur Anwendung (Trunz-Carlisi, 2004, S.4f).

Tab. 2: IPN-Test®-Protokoll (modifiziert nach Stumpp, 2014)

Datum: Donnerstag, 24.11.2016, 10:00 Uhr	Testleitung: Frau S.
Testperson:	
Name: Frau X	Geb.datum: 04.10.1980
Geschlecht: weiblich	Gewicht: 55kg
Vorbelastungsdaten:	
Ruheherzfrequenz: 64 S/min	Blutdruck: 132/86mmHG
Zusatzinfos (z.B.: *Ernährung, Stress, Koffein, (Nicht-)Raucher, Gesundheitszustand*): Frühstück (Honigsemmel), kein Koffein, Nichtraucherin, gesund (kein Infekt oder Ähnliches)	
Testgerät: Fahrradergometer	
Belastungsart: submaximaler Stufentest	
Belastungsschema: WHO-Schema (Rost, 2001, S.53) • Eingangsstufe: 25 Watt • Anstieg pro Stufe: 25 Watt • Stufendauer: 2 Minuten • Pausendauer: 0 Minuten • Trittfrequenz: 60-80 U/min • Messung Hf: alle 60 sec.	
Testende: Erreichen der Zielherzfrequenz (nach IPN®-Voreinstufung): 140 S/min	
Abbruchkriterien (nach Rost, 2001, S.54 und Trunz-Carlisi, 2004, S.3): (1) Erreichen der Zielherzfrequenz; (2) subjektive Erschöpfung (muskulär od. Schwächegefühl); (3) Atemnot; (4) Angina pectoris; (5) starker Husten; (6) Blässe; (7) Schwindel; (8) Übelkeit; (9) kalter Schweiß; (10) Schmerzen (muskulär/orthopädisch); (11) atypisches Blutdruckverhalten (zu starker bzw. fehlender Anstieg; Blutdruckabfall bei Belastung); (12) Gerätedefekt	

Hauptbelastungsdaten				
Stufe/Ge-samtzeit	Stufendauer [min]	Stufenleistung [Watt]	Hf 1 [S/min]	Hf 2 [S/min]
1 / 2min	2	25	97	102
2 / 4min	2	50	107	113
3 / 6min	2	75	121	127
4 / 8min	2	100	133	138
5 / 10min	2	125	140	143
6 / 12min	2	150	-	-

Zustand bei Testende: (Zutreffendes ankreuzen bzw. Ziffer (s.o.) eintragen)

- ☒ Abbruch wg. (1) (Ziffer s.o. eintragen)
- ☐ Abbruch wg. Gerätedefekt

Drei Tage vor dem Test verzichtet Frau X wie angewiesen auf intensive Belastungen. Den Test absolviert sie bei guter Gesundheit (kein Infekt oder Ähnliches) zu ihrer üblichen (Jogging-)Trainingszeit am Vormittag nach einem leichten Frühstück unter Verzicht auf Tee und Kaffee. Dem WHO-Schema folgend wird mit einer Belastung von 25 Watt begonnen. Diese wird alle 2 Minuten um 25 Watt so lange gesteigert, bis Frau X ihre Zielherzfrequenz von 140 S/Min. erreicht hat. Dabei wird die Herzfrequenz von Frau X alle 60 Sekunden protokolliert. In Testminute 9 bei einer Belastung von 125 Watt erreicht Frau X ihre Zielherzfrequenz und beendet den Test nach vollständigem Durchfahren der aktuellen Belastungsstufe. Da Frau X ihre Pulsobergrenze bereits vor Ende der 5. Belastungsstufe erreicht hat, werden zum Zwecke einer exakten Ermittlung ihrer relativen Watt-Leistung die Ergebnisse der letzten beiden Belastungsstufen mit Hilfe der folgenden Interpolations-Formel berücksichtigt (Trunz-Carlisi, 2004, S.6f):

$$\text{Testergebnis} = W1 + (W2 - W1) \ \ x \ \ \frac{(Hf - Hf1)}{(Hf2 - Hf1)}$$

W1: vorletzte durchfahrene Belastungsstufe bevor Ziel-Hf erreicht: 100 Watt

W2: letzte Belastungsstufe, bei der Ziel-Hf erreicht/überschritten: 125 Watt

Hf: Hf der Voreinstufung: 140 S/Min.

Hf1: Hf, die am Ende von W1 ermittelt: 138 S/Min.

Hf2: Hf, die am Ende von W2 ermittelt: 143 S/Min.

$$110 = 100 + (125 - 100) \ \ x \ \ \frac{(140 - 138)}{(143 - 138)}$$

Für Frau X ergibt sich damit eine relative Watt-Leistung von 2 Watt/kg KG. Dieser liegt in der geschlechtsspezifischen Norm-Soll-Leistungstabelle im Bereich zwischen 1,89 und 2,07 Watt/kg KG. Da Frau X' Wert näher an den 2,07 Watt/kg KG liegt wird ihr der entsprechende Belastungsfaktor 0,64 zugeordnet. Unter Einbeziehung von Ruhe-herzfrequenz (RHf), Lebensalter (LA) und Belastungsfaktor (BF) kann mit Hilfe der IPN-Formel die optimale Trainingsherzfrequenz (THf) bezogen auf die im Training ge-wählten Bewegungsformen bzw. Trainingsgeräte berechnet werden (Trunz-Carlisi, 2004, S.6-10). Allerdings gibt der errechnete Wert lediglich Frau X' individuelle Pulsobergrenze für das aerobe Ausdauertraining wieder. Daher wird für die Berechnung der Ober- und Untergrenzen der intensitätsabhängigen Trainingsherzfrequenzen die der IPN-Formel zugrundeliegende Karvonen-Formel angewendet. Sie „berücksichtigt die individuellen Verhältnisse bezüglich des Maximal- und des Ruhepulses" (Eisenhut & Zintl, 2013, S.178) in Form des $Hf_{Reserve}$-Werts (d.i. Hf_{max} – RHf). Da bei Frau X wie erwähnt auf eine Ausbelastung und damit auf die Messung ihrer Hf_{max} verzichtet wurde, wird dieser Wert unter Berücksichtigung von Lebensalter und Sportart mit Hilfe anerkannter Faustformeln (Laufen etc.: Hf_{max} = 220 – LA; Rad: Hf_{max} = 200 – LA, da beim Radfahren geringere Muskelbeteiligung (Strauzenberg, 1976; zitiert nach Eisenhut & Zintl, 2013, S.178)) errechnet. Die Ergebnisse sind den Tabellen 5-10 unter 3.2 Detailplanung Mesozyklus ab S.11 zu entnehmen.

IPN: Rad/Rudern: THf = RHf + (220 – LA – RHf) x BF

Karvonen: Rad/Rudern: THf = RHf + (200 – LA – RHf) x Intensität (in %)

IPN: Laufen/Walken/Stepper: THf = RHf + (220 – ¾ LA – RHf) x BF

Karvonen: Laufen/Walken/Stepper: THf = RHf + (220 – LA – RHf) x Intensität (in %)

1.3 Gesundheits- und Leistungsstatus der Person

Für die Bewertung des Gesundheits- und Leistungszustandes von Frau X im Hinblick auf ihre Belast- und Trainierbarkeit werden neben der unter 1.1 in Tab. 1 auf S.3f protokollierten allgemeinen biometrischen und medizinisch potentiell relevanten Parameter vor allem ihre via Stufentest ermittelte relative Watt-Soll-Leistung pro kg KG herangezogen. Diese erlaubt mit Hilfe der Norm-Soll-Tabelle des IPN-Tests® einen interindividuellen Vergleich der allgemeinen aeroben Ausdauer von Frau X mit dem „… durch-schnittliche(n) Leistungsvermögen, das eine Person ohne Leistungseinschränkungen …

altersgemäß zu leisten im Stande sein sollte" (Trunz-Carlisi, 2004, S.9). Mit ihren 2 Watt/kg KG liegt die 36jährige normalgewichtige Frau X knapp über dem Durchschnitt und kann als moderat ausdauertrainiert eingestuft werden. Da ihr Blutdruck nur knapp im hochnormalen Bereich liegt und im Verlauf des Ausdauertrainings zudem mit einer Senkung desselben zu rechnen ist, Frau X zudem durch regelmäßiges Joggen in der Lage ist, „... zusammenhängend mindestens 30 Min. sich zu belasten" (Eisenhut & Zintl, 2013, S.179), werden von ihr alle gesundheitlichen und leistungsmäßigen Voraussetzungen für das für sie konzipierte, herzfrequenzgesteuerte und an den Belastungskomponenten des Gesundheitsoptimalprogramms (Eisenhut & Zintl, 2013, S.141f) orientierte Ausdauertraining erfüllt.

2 Zielsetzung/Prognose

Tab. 3: Zielsetzung

	Inhalt	Ausmaß	Zeit
Ziel 1	Steigerung der relativen Watt-Soll-Leistung im submax. WHO-Test	um 15% (von 2 W/kg KG auf 2,3 W/kg KG bzw. von 110 Watt auf 126,5 Watt absolut)	6 Wochen
Ziel 2	Senkung Blutdruck	um 7-10mmHg systolisch und 5-8mmHg diastolisch	12 Wochen
Ziel 3	Gewichtsstabilisation bzw. Reduktion Körperfettanteil	konstantes Gewicht von ca. 55 kg bzw. Körperfettreduktion um 1% auf 26%	6 Wochen

Das vorrangige Trainingsziel von Frau X ist der Aufbau einer stabilen Grundlagenausdauer, um an einem Volkslauf über 7,5km (ohne Zeitziel) teilzunehmen. Als erstes Ziel ihres Ausdauertrainings wird daher die Steigerung ihrer relativen Watt-Soll-Leistung um 15% im submaximalen WHO-Test innerhalb von 6 Wochen festgelegt. Das Ziel erscheint insofern realistisch, als bei einer Studie mit übergewichtigen Frauen in der Ausdauergruppe ein Leistungszuwachs von 16,3 Watt innerhalb von 6 Wochen verzeichnet werden konnte. Die Frauen trainierten 2x pro Woche zwischen 30-60 Minuten bei ca. 65-70% ihrer Hf$_{max}$ (Schulz, 2006, S.8, 11, 15, 44). Da in der Familie von Frau X über mehrere Generationen hinweg immer wieder arterielle Hypertonie aufgetreten ist und ihr eigener Blutdruck leicht im hochnormalen Bereich liegt, ist ihr zweites Ziel, ihren Blutdruck um 7-10mmHg systolisch und 5-8mmHg diastolisch in den Normbereich zu senken. Dies entspricht den von Metaanalysen zur blutdrucksenkenden Wirkung von körperlicher Aktivität bei Hypertonikern ermittelten Durchschnittswerten (Meißner, 2011, S.10). Da Frau

X eine genetische Disposition zur Hypertonie und hochnormalen Blutdruck hat, ist für sie ein körperliches Ausdauertraining zur Blutdrucksenkung und Hypertonie-Prävention geeignet (Meißner, 2011, S.10). Nachdem Frau X durch eine Diät 8 kg abgenommen hat, möchte sie als drittes Ziel vor allem ihr reduziertes Gewicht halten und dazu ihre Körperzusammensetzung verbessern, d.h. ihren Körperfettanteil verringern. Wenngleich „(d)urch eine reine Sporttherapie … erst ab einem Trainingsumfang von ca. fünf Stunden wöchentlich bei einer Trainingsintensität zwischen 60% und 80% der maximalen Herzfrequenz effektive Körpergewichts- und Körperfettverluste erzielt werden (können)" (Schlicht & Schumann, 2007, S.105), ist eine reine Sporttherapie für den Erhalt eines zuvor reduzierten Gewichts „… von größter Bedeutung: Personen, die regelmäßig Sport treiben, haben eine wesentlich bessere Chance, ihr reduziertes Gewicht zu halten als Personen mit alleinigen diätetischen Maßnahmen" (Schlicht & Schumann-Schmid, 2007, S.105). Den studienbasierten Empfehlungen von drei bis fünf wöchentlichen Einheiten à 45-60 Minuten mit moderater Intensität (ca. 60-80% Hf_{max} bzw. 55-75% $Hf_{Reserve}$) (Schlicht & Schumann-Schmid, 2007, S.110f) folgend, darf bei Frau X mit der Beibehaltung ihres aktuellen Körpergewichts von 55kg sowie einer Körperfettreduktion von ca. 1,5% in 12 Wochen (Broeder et al., 1992; zitiert nach Schlicht & Schumann-Schmid, 2007, S.107) gerechnet werden.

3 Trainingsplanung Mesozyklus

3.1 Grobplanung Mesozyklus

Tab. 4: Grobplanung Mesozyklus Frau X

Mesozyklus	
Dauer	6 Wochen
Trainingsziel	Aufbau / Stabilisierung Grundlagenausdauer
Gesamttrainingsumfang/Woche [min]	150-160 min/Woche
Trainingsmethoden, Trainingsintensitäten [% $Hf_{Reserve}$] & Dauer pro Trainingseinheit [min] (Eisenhut & Zintl, 2013, S.117ff)	- extensive Dauermethode (DM); 55-65% $Hf_{Reserve}$, 45-90min bzw. für Regeneration 45-55% $Hf_{Reserve}$, 15-30min - intensive DM; 65-80% $Hf_{Reserve}$, 20-45min - variable DM; 40-80% $Hf_{Reserve}$, 30-50min
Trainingshäufigkeit pro Woche	3mal
Trainingsgeräte/Bewegungsformen	Laufband, Laufen Outdoor, Fahrrad, Crosstrainer

3.2 Detailplanung Mesozyklus

Der Mesozyklus für Frau X ist in den Tabellen 5-10 detailliert dargestellt. Zur Berechnung der Trainingsherzfrequenzen diente die bereits unter 1.2 erläuterte Karvonen-Formel. Die Abkürzungen GA1/2 bzw. allgem. GA und spez. GA stehen für Grundlagenausdauer 1/2 bzw. allgemeine Grundlagenausdauer und spezifische Grundlagenausdauer. REKOM bezeichnet Regenerations- und Kompensationstraining und DM steht für Dauermethode.

Tab. 5: Detailplanung Woche 1

Woche 1	Dienstag	Donnerstag	Samstag
Trainingsziel	GA1	GA1	GA1
Trainingsmethode	extensive DM	variable DM	extensive DM
Trainingsintensität [% Hf_{Res}]	60-65%	60-65% (ext.) 65-70% (int.)	55-60%
Trainings-Hf [S/min]	124-129	136-142 (ext.) 142-148 (int.)	130-136
Dauer TE [min]	70	45 (5:5)	40
Trainingsgerät	Fahrrad	Laufband	Crosstrainer

Tab. 6: Detailplanung Woche 2

Woche 2	Dienstag	Donnerstag	Samstag
Trainingsziel	GA1	GA1	GA1
Trainingsmethode	extensive DM	variable DM	extensive DM
Trainingsintensität [% Hf_{Res}]	60-65%	60-65% (ext.) 65-70% (int.)	55-60%
Trainings-Hf [S/min]	124-129	136-142 (ext.) 142-148 (int.)	130-136
Dauer TE [min]	75	50 (10:10)	45
Trainingsgerät	Fahrrad	Laufband	Crosstrainer

Tab. 7: Detailplanung Woche 3

Woche 3	Dienstag	Donnerstag	Samstag
Trainingsziel	GA1	GA2	REKOM
Trainingsmethode	extensive DM	intensive DM	extensive DM
Trainingsintensität [% Hf_{Res}]	65-70%	70-75%	50-55%
Trainings-Hf [S/min]	129-134	148-154	124-130
Dauer TE [min]	75	50	30
Trainingsgerät	Fahrrad	Laufband	Crosstrainer

Tab. 8: Detailplanung Woche 4

Woche 4	Dienstag	Donnerstag	Samstag
Trainingsziel	GA1	GA2	GA1
Trainingsmethode	extensive DM	variable DM	extensive DM
Trainingsintensität [% Hf_{Res}]	60-65%	60-65% (ext.) 65-70% (int.)	55-60%
Trainings-Hf [S/min]	124-129	136-142 (ext.) 142-148 (int.)	130-136
Dauer TE [min]	75	45 (5:5)	40
Trainingsgerät	Fahrrad	Laufband	Crosstrainer

Tab. 9: Detailplanung Woche 5

Woche 5	Dienstag	Donnerstag	Samstag
Trainingsziel	GA1	GA2	GA1
Trainingsmethode	extensive DM	intensive DM	extensive DM
Trainingsintensität [% Hf_{Res}]	65-70%	70-75%	65-70%
Trainings-Hf [S/min]	142-148	148-154	129-134
Dauer TE [min]	60	50	55
Trainingsgerät	Laufen Outdoor	Laufband	Fahrrad

Tab. 10: Detailplanung Woche 6

Woche 6	Dienstag	Donnerstag	Samstag
Trainingsziel	GA1	GA2	REKOM
Trainingsmethode	extensive DM	variable DM	extensive DM
Trainingsintensität [% Hf_{Res}]	65-70%	60-65% (ext.) 65-70% (int.)	50-55%
Trainings-Hf [S/min]	142-148	136-142 (ext.) 142-148 (int.)	124-130
Dauer TE [min]	70	50 (10:10)	30
Trainingsgerät	Laufen Outdoor	Laufband	Crosstrainer

3.3 Begründung zum Mesozyklus

Dem vorrangigen Trainingsziel (Steigerung der relativen Watt-Soll-Leistung) von Frau X folgend, liegt der Trainingsschwerpunkt des Mesozyklus im Aufbau und in der Stabilisierung ihrer Grundlagenausdauer. Da Frau X wie bereits unter 1.3 erwähnt über ein moderates Ausdauerleistungsniveau verfügt, ist davon auszugehen, dass sie in der Lage ist, die Belastungsvorgaben eines am Gesundheitsoptimalprogramm orientierten Trainingsplans zu erfüllen (Eisenhut & Zintl, 2013, S.141f). Der Belastungsumfang des

Gesundheitsoptimalprogramms sieht Folgendes vor: eine kontinuierliche Belastungs-
dauer von minimal 30-35 Minuten bis maximal 60-70 Minuten sowie eine wöchentliche
Trainingshäufigkeit von 6 x 30 Minuten bis 3 x 60 Minuten (Eisenhut & Zintl, 2013,
S.142). Dem Zeitkontingent sowie den Lebens- und Trainingsgewohnheiten von Frau X
entsprechend, werden für sie 3 Einheiten pro Woche mit einer Dauer von minimal 40 bis
maximal 75 Minuten geplant. „Als Trainingsmethoden kommen neben der extensiven
Dauermethode ... vor allem die intensive Dauermethode und die variable Dauermethode
... zur Anwendung" (Eisenhut & Zintl, 2013, S.142). Darüber hinaus wird aufgrund der
Intensitätszunahme in den Wochen 3 und 6 eine REKOM-Einheit integriert. Sie dient der
„... Regeneration nach kurzen intensiven Belastungen sowie nach umfangreichen Ge-
samtbelastungen ..." (Eisenhut & Zintl, 2013, S.92) und wird nach der extensiven Dauermethode mit reduzierter Intensität bei kürzerer Dauer (ca. 50-55% Hf$_{Reserve}$; 15-30 Minuten) absolviert. Die Dauermethoden (DM) sind durch eine „... ununterbrochene trai-
ningswirksame Belastung über eine lange Zeitspanne ..." (Eisenhut & Zintl, 2013, S.118)
gekennzeichnet, „... in der die physiologischen Prozesse ziemlich konstant laufen..." (Eisenhut & Zintl, 2013, S.118) und u.a. folgende Anpassungen des Organismus bewirken:
a) extensive DM (= kontinuierlich; leichte bis mittlere Belastungsintensität über 30 Min.
bis max. 6 Std.): Ökonomisierung der Herz-Kreislauf-Arbeit, Verbesserung der periphe-
ren Durchblutung, Erweiterung des aeroben Stoffwechsels mit Verbesserung der Fettver-
brennung, Ausbildung eines stabilen Bewegungsstereotyps; b) intensive DM (= kontinuierlich; mittlere bis submaximale Belastungsintensität über 20 Min. bis max. 3 Std.): Ent-
wicklung des Herz-Kreislauf-Systems, Kapillarisierung der Skelettmuskulatur, Verbesserung des aeroben Stoffwechsels unter verstärkter Glykogennutzung, Glykogenentlee-
rung und Superkompensation, Ausbildung eines Bewegungsstereotyps; c) variable DM
(= systematisch zw. leichter und submaximaler Belastungsintensität wechselnd über 30-
60 Min. bis max. 3 Std.): Anpassungen im Herz-Kreislauf-System, in der Skelettmuskulatur und im vegetativen Bereich, verbesserte Umstellung zw. rein aerober und gemischt
aerob-anaerober Energiebereitstellung (Eisenhut & Zintl, 2013, S.118ff). Die Dauermethoden kommen für folgende Zielsetzungen zur Anwendung: a) extensiv: Gesundheits-
/Fitnesstraining, Regenerationsbeschleunigung (REKOM), Fettstoffwechseltraining,
Ökonomisierung der Bewegungstechnik, Stabilisierung des Leistungsniveaus; b) inten-
siv: Erweiterung der aeroben Kapazität, Glykogenstoffwechseltraining, Stabilisierung
wettkampfgemäßer Bewegungstechnik (mit Blick auf 7,5km-Wettkampf: Einsatz der intensiven DM bei Laufbandeinheiten von Frau X); c) variabel: Erweiterung der aeroben
Kapazität, erhöhte Belastungsverträglichkeit bei langen Belastungen mit wechselnder

Energiebereitstellung, Beschleunigung der Wiederherstellung zwischen den Belastungs-
phasen bei intermittierenden Belastungen (Eisenhut & Zintl, 2013, S.119f). Neben den
genannten Dauer- existieren Intervall-, Wiederholungs- und Wettkampfmethoden. Diese
kommen bei Frau X jedoch nicht zum Einsatz, da sie gesundheits- und nicht leistungsori-
entiert trainiert; zudem ist die in der Intervall- und Wettkampfmethode erhöhte Herz-
druckarbeit (Eisenhut & Zintl, 2013, S.121) bei Frau X' hochnormalem Blutdruck un-
günstig.

„Wenn der aktuelle Funktionszustand des Organismus stabil verändert werden soll, dann
müssen über einen Zeitraum von 4-6 Wochen regelmäßige Belastungsreize auf ihn ein-
wirken" (Neumann, Pfützner & Berbalk, 2013, S.45). Dabei muss berücksichtigt werden,
dass die Anpassung an Trainingsreize stufenweise erfolgt (Neumann, Pfützner & Berbalk,
2013, S.45), so dass ein Wechsel von belastungssteigernden, -erhaltenden und -reduzie-
renden Phasen sowohl in den Mikrozyklen als auch im Meso- und Makrozyklus geplant
werden muss (Eisenhut & Zintl, 2013, S.26). Die Be- und Entlastungsphasen wechseln in
den Mikrozyklen im Verhältnis 2:1, d.h. dass Frau X an den ersten beiden Trainingstagen
höhere Intensitäten bzw. Umfänge trainiert als am 3. Tag. Für den gesamten Mesozyklus
gilt ein Be- und Entlastungsverhältnis von 3:1, d.h. steigende Belastung von Woche 1 bis
3, reduzierte Belastung in Woche 4. Dies ist sinnvoll, da sich der Organismus zwischen
der 3. und 4. Belastungswoche in einem labilen Zustand befindet, der durch eine Reduzierung der Gesamtbelastung überwunden werden kann (Neumann, Pfützner & Berbalk,
2013, S.45). Eine geringere Belastung erleichtert z.B. den Ablauf biologischer Prozesse
(Eisenhut & Zintl, 2013, S.198). In den Wochen 5 und 6 schließt eine erneute Belastungs-
steigerung an. Für die Änderung der Belastungskomponenten hat sich folgende Reihen-
folge als sinnvoll erwiesen: Erhöhung Trainingshäufigkeit (Woche 1: Frau X trainiert
statt 2x ab sofort 3x/Woche), Erhöhung Trainingsumfang (Woche 2: +10% Gesamttrai-
ningszeit/Woche), Erhöhung Trainingsintensität (Woche 3: extens. DM mit höherer $Hf_{Re-serve}$ + intens. DM-Einheit) (Eisenhut & Zintl, 2013, S.18f).

Anhand der Belastungsintensitäten lassen sich vier Trainingsbereiche (Regenerations-
/Kompensationsbereich, Grundlagenbereich 1 & 2, Wettkampfbereich) unterscheiden,
wobei lediglich drei (REKOM, GA1 und GA2) für Frau X relevant sind. Haupttrainings-
bereich ist der GA1-Bereich, der ca. 2/3 des gesamten Trainings ausmacht und bei vor-
wiegend mittlerer Intensität (65-70% $Hf_{Reserve}$) mit der extensiven DM trainiert wird. Damit soll die allgem. GLA von Frau X aufgebaut und stabilisiert werden. Unter allgem.
GLA wird die allgemeine aerobe dynamische Ausdauer mit durchschnittlichem Niveau
verstanden; sie ist gekennzeichnet durch eine ökonomische Nutzung der mittleren VO_{2max}

und kann tätigkeitsneutral bzw. sportartunabhängig trainiert werden. Sie ist die Basis für Gesundheit, körperliche Fitness sowie weiterführendes konditionelles und koordinatives Training (Eisenhut & Zintl, 2013, S.92). Etwa 1/3 des Trainings absolviert Frau X im GA2-Bereich, der sich im mittleren und höheren Intensitätsbereich von 60-75% $Hf_{Reserve}$ bewegt und v.a. mit der variablen und intensiven DM angesprochen wird. Die Einheiten im GA2-Bereich werden bei gemischt aerober-anaerober Stoffwechsellage absolviert und dienen der Weiterentwicklung der Grundlagenausdauer, der Erschließung neuer Reserven für Leistungssteigerungen sowie der Reduzierung des Körperfettanteils (Hottenrott, 2007, S.68). Darüber hinaus sollen sie die spez. GLA von Frau X, also die ‚arteigene' bzw. laufspezifische GLA verbessern, weshalb Frau X ab Woche 5 zwei Laufeinheiten (Outdoor und Laufband) absolvieren wird. So kann ihre laufspezifische Bewegungsökonomie verbessert sowie „… in der Skelettmuskulatur eine metabolische Differenzierung in Abhängigkeit von den Belastungsanforderungen" (Eisenhut & Zintl, 2013, S.92) erreicht werden.

Für das Training von Frau X werden folgende Ausdauergeräte bzw. Bewegungsformen gewählt: Laufband, Laufen Outdoor, Fahrrad und Crosstrainer. Da Frau X bereits über Lauferfahrung verfügt, sie Freude am Laufen hat (intrinsische Motivation), sie an einem Laufwettbewerb teilnehmen und zudem ihr Gewicht halten bzw. Körperfett reduzieren möchte, spielt das Laufen auf dem Band bzw. ab Woche 5 zusätzlich im Freien gemeinsam mit der von einem Trainer angeleiteten Fitness-Studio-Laufgruppe eine zentrale Rolle in ihrem Trainingsplan. Zum einen fördert das sportartspezifische Training die Bewegungsökonomie (Laufen trainiert man durch Laufen) und die spez. GLA (s.o.), zum anderen erleichtert es das Gewichtsmanagement, da beim Laufen der größte Sauerstoff- und Kalorienverbrauch gemessen wurde (Trunz-Carlisi, 2004, S.13). Das Fahrrad wurde gewählt, weil es einen einfachen Bewegungsablauf zulässt, auch mit hochnormalem Blutdruck kaum Überlastungsgefahr besteht und als Ausgleich zum Lauftraining die Gelenke und der Bewegungsapparat geschont werden. Der Crosstrainer wurde auf Wunsch von Frau X ausgewählt, da sie die laufähnliche Bewegung v.a. im REKOM-Training als angenehm, wenig anstrengend (Trunz-Carlisi, 2004, S.13) und abwechslungsreich empfindet.

4 Literaturrecherche

Thema: Effekte des Ausdauertrainings bei arterieller Hypertonie

Studie 1: Effect of exercise training in 60- to 69-year-old persons with essential hypertension

Tab. 11: Studie 1

Autoren	Hagberg, J.M., Montain, S.J., Martin W.H. 3rd & Ehsani, A.A.
Publikationsjahr	1989
Versuchspersonen (VP)	Männer und Frauen mit essentiellem Bluthochdruck; Durchschnittsalter: 64 (+/- 3 Jahre)
Untersuchungsdesign	**Fragestellung**: Welche Trainingsintensität vermag im Rahmen eines 9-monatigen Ausdauertrainings den Blutdruck der VP stärker zu senken: niedrige oder mittlere Intensität? – **Versuchsablauf**: Vor Beginn des Ausdauertrainings wurde der Blutdruck der VP einen Monat lang wöchentlich gemessen, um sicherzustellen, dass er dauerhaft erhöht war. Anschließend absolvierten die VP einen maximalen Belastungstest auf dem Laufband, um VP mit koronarer Herzkrankheit auszuschließen. Die übrig gebliebenen VP wurden einer nicht trainierenden **Kontrollgruppe**, einer **Niedrig-Intensitäts-** sowie einer **mittleren Intensitäts-Trainingsgruppe** zugeteilt. Die VP der Trainingsgruppen absolvierten ein 9monatiges Ausdauertraining bei 53% (niedrige Intensität) bzw. 73% (mittlere Intensität) ihrer VO_{2max}. Der Gesamtkalorienverbrauch pro Woche war in beiden Trainingsgruppen annähernd gleich hoch.
Ergebnisse	- keine Zunahme der VO_{2max} in der Niedrig-Intensitäts-Gruppe - Zunahme der VO_{2max} um 28% in der mittleren Intensitäts-Gruppe - Senkung des diastolischen Blutdrucks in beiden Trainingsgruppen um 11 bis 12 mmHg - Senkung des systolischen Blutdrucks um 20 mmHg in der Niedrig-Intensitäts-Gruppe; d.h. signifikant stärkere Senkung als in Kontroll- bzw. mittlerer Intensitätsgruppe (Senkung um 8mmHg) - geringfügig reduzierte Herzleistung in Ruhephase nach dem Training in der Niedrig-Intensitäts-Gruppe - geringfügige Abnahme des peripheren Gesamtwiderstands in der mittleren Intensitäts-Gruppe - bei beiden Trainingsgruppen keine Auswirkungen des Trainings auf: Plasma- und Blutvolumen, Plasma-Renin-Spiegel, Natrium-Ausscheidung im Urin -bei beiden Trainingsgruppen erniedrigter Plasma-Noradrenalin-spiegel bei Ruhephase im Stehen

Schlussfolgerung	Ausdauertraining mit niedriger Intensität vermag den Blutdruck genauso stark oder sogar stärker zu senken als Ausdauertraining mit mittlerer Intensität. Die zugrundeliegenden Mechanismen sind jedoch unklar.

Studie 2: Regular exercise as an effective approach in antihypertensive therapy

Tab. 12: Studie 2

Autoren	Ketelhut, R.G., Franz, I.W. & Scholze, J.
Publikationsjahr	2004
Versuchspersonen (VP)	10 Personen mit Bluthochdruck; Durchschnittsalter: 43 (+/- 3 Jahre)
Untersuchungsdesign	**Fragestellung**: Wie wirkt sich regelmäßiges Ausdauertraining als singuläre Therapiemaßnahme bei Bluthochdruck langfristig auf den Blutdruck in Ruhe und unter Belastung aus? – **Versuchsablauf**: Die VP wurden angewiesen, 2mal wöchentlich ein 60minütiges Aerobic Training zu absolvieren. Der Blutdruck wurde in Ruhe und unter Belastung auf dem Fahrradergometer (bei 50-100 Watt) gemessen.
Ergebnisse	- der Blutdruck unter Belastung (100 Watt) fiel bereits nach 6-monatigem regelmäßigen Training von 184 +/- 10/107 +/- 6 mmHG auf 170 +/- 10/100 +/- 7 mmHG - nach 18-monatigem Training fielen sowohl der Ruheblutdruck von 139 +/- 9/96 +/- 6 auf 133 +/- 14/91 +/- 7 mmHg als auch der Belastungsblutdruck (100 Watt) von 184 +/- 10/107 +/- 6 auf 172 +/- 8/96 +/- 6 mmHg - im Verlauf einer 3-jährigen Nachuntersuchung sanken sowohl Ruhe- als auch Belastungsblutdruck signifikant weiter: der Ruheblutdruck auf 130 +/- 13/87 +/- 7 mmHG, der Belastungsblutdruck auf 167 +/- 9/92 +/- 6 mmHg - während der Trainingsperiode wurde keine signifikante Veränderung des Körpergewichtes dokumentiert
Schlussfolgerungen	Langfristiges Aerobic-Training kann eine Senkung des Ruhe- und Belastungsblutdrucks bewirken, die einer medikamentös induzierten Blutdrucksenkung vergleichbar ist. Der blutdrucksenkende Effekt eines regelmäßigen Ausdauertrainings scheint für mindestens 3 Jahre bestehen zu bleiben.

5 Literaturverzeichnis

Deutsche Adipositas Gesellschaft (DAG) e.v., Deutsche Diabetes Gesellschaft (DDG), Deutsche Gesellschaft für Ernährung (DGE) e.v. & Deutsche Gesellschaft für Ernährungsmedizin (DGEM) e.V. (Hrsg.) (2014). *Interdisziplinäre Leitlinie der Qualität S3 zur „Prävention und Therapie der Adipositas".* Düsseldorf: Arbeitsgemeinschaft der Wissenschaftlichen Medizinischen Fachgesellschaften e.v. (AWMF). Zugriff am 29.09.2016. Verfügbar unter: http://www.awmf.org/uploads/tx_szleitlinien/050-0011_S3_Adipositas_Pr%C3%A4vention_Therapie_2014-11.pdf

Deutsche Gesellschaft für Kardiologie – Herz- und Kreislaufforschung (DGK) e.v. & Deutsche Hochdruckliga e.v. DHL® Deutsche Gesellschaft für Hypertonie und Prävention (Hrsg.). (2013). *ESC Pocket Guidelines. Leitlinien für das Management der arteriellen Hypertonie.* Grünwald: Börm Bruckmeier. Zugriff am 30.09.2016. Verfügbar unter: https://www.hochdruckliga.de/tl_files/content/dhl/downloads/2014_Pocket-Leitlinien_Arterielle_Hypertonie.pdf

Eisenhut, A. & Zintl, F. (2013). *Ausdauertraining. Grundlagen. Methoden. Trainingssteuerung.* (8. Auflage, Neuausgabe). München: BLV

Flicke, T. (2014). *Sport & Fitness. Sportfachlich beraten und betreuen.* Berlin: Cornelsen

Hagberg, J.M., Montain, S.J., Martin, W.H. 3rd & Ehsani, A.A. (1989). Effect of exercise training in 60- to 69-year-old persons with essential hypertension. *The American Journal of Cardiology 64,* (5), 348-353. Amsterdam: Elsevier. Zugriff am 20.09.2016. Verfügbar unter: http://www.ncbi.nlm.nih.gov/pubmed/2756880

Hottenrott, K. (2007). *Trainingskontrolle mit Herzfrequenzmessgeräten.* (2. Auflage). Aachen: Meyer & Meyer

Ketelhut, R.G., Franz, I.W. & Scholze, J. (2004). Regular exercise as an effective approach in antihypertensive therapy. *Medicine & Science in Sports & Exercise 36,* (1), 4-8. Indianapolis: American College of Sports Medicine/Wolters Kluwer. Zugriff am 20.09.2016. Verfügbar unter: http://www.ncbi.nlm.nih.gov/pubmed/14707760

Meißner, R. (2011). *Effekte eines 12-wöchigen Ausdauertrainings auf die körperliche Leistungsfähigkeit und den psychischen Zustand von Patienten mit isolierter systolischer Hypertonie.* Dissertation, Medizinische Fakultät Charité. Freie Universität Berlin. Zugriff am 02.10.2016. Verfügbar unter: http://www.diss.fu-berlin.de/diss/servlets/MCRFileNodeServlet/FUDISS_derivate_000000009658/Dissertation.pdf

Neumann, G., Pfützner, A. & Berbalk, A. (2013). *Optimiertes Ausdauertraining.* (7. Auflage). Aachen: Meyer & Meyer

Rost, R. (Hrsg.). (2001). *Lehrbuch der Sportmedizin.* Köln: Deutscher Ärzte-Verlag

Schlicht, D. & Schumann-Schmid, B. (2007). Zur Effektivität der Sporttherapie bei Erwachsenen mit Adipositas. *B & G Bewegungstherapie und Gesundheitssport. 23*, (3), 105-113. Stuttgart: Hippokrates Verlag in MVS Medizinverlage. Zugriff am 02.10.2016. Verfügbar unter: https://www.thieme-connect.de/products/ejournals/html/10.1055/s-2007-960716

Schulz, Ch. (2006). *Auswirkungen unterschiedlicher Trainingsformen – Kraft vs. Ausdauer – auf die Körperzusammensetzung und die körperlich-kardiozirkulatorische Leistungsfähigkeit übergewichtiger Frauen.* Dissertation, Justus-Liebig-Universität. Gießen. Zugriff am 02.10.2016. Verfügbar unter: http://geb.uni-giessen.de/geb/volltexte/2007/4702/pdf/SchulzChristian-2007-05-22.pdf

Stumpp, B. (2014). *PWC-Test Belastungsprotokoll.* Stumpp, B. (Hrsg.) Saffig. Zugriff am 20.09.2016. Verfügbar unter: http://www.bernd-stumpp.de/wp-content/uploads/2014/09/Protokoll_PWC-Test.pdf

Trunz-Carlisi, E. (2004). *IPN-Test® – Ausdauertest für den Fitness- und Gesundheitssport.* Köln: Institut für Prävention und Nachsorge. Zugriff am 20.09.2016. Verfügbar unter: http://www.cardiotest.net/ipn-test-download.html

6 Tabellenverzeichnis

Tab. 1: Allgemeine und biometrische Daten (© Steiner, M.)...............................3

Tab. 2: IPN-Test®-Protokoll (© Steiner, M. modifiziert nach Stumpp, 2014)............6

Tab. 3: Zielsetzung (© Steiner, M.)..9

Tab. 4: Grobplanung Mesozyklus Frau X (© Steiner, M.)..............................10

Tab. 5: Detailplanung Woche 1 (© Steiner, M.).......................................11

Tab. 6: Detailplanung Woche 2 (© Steiner, M.).......................................11

Tab. 7: Detailplanung Woche 3 (© Steiner, M.).......................................11

Tab. 8: Detailplanung Woche 4 (© Steiner, M.).......................................12

Tab. 9: Detailplanung Woche 5 (© Steiner, M.).......................................12

Tab. 10: Detailplanung Woche 6 (© Steiner, M.).....................................12

Tab. 11: Studie 1 (© Steiner, M.)...16

Tab. 12: Studie 2 (© Steiner, M.)...17